مرحباً، أنا روزي !

نيكول إم. سيجلر

رسوم ماريان نصيف

حقوق النشر و الطبع محفوظة 2022 © بواسطة نيكول إم. سيجلر
جميع الحقوق محفوظة

إلى فتاتي الحلوة ، إيزابيلا روز ، أنتى أعظم هدية لي. أتمنى أن تتألقي دائمًا مثل النجم الذي أنت عليه. أحبك كثيراً وأنت تجعليني فخورة كل يوم. افضل اصدقاء للابد

أحبك . أمك

إلى زوجي ديفيد ،أنت كل ما كنت أتمناه وأردته. شكرًا لك على إيمانك دائمًا أنني قادرة على العظمة. أنا أحبك - ن . س

مرحباً, أنا روزى.

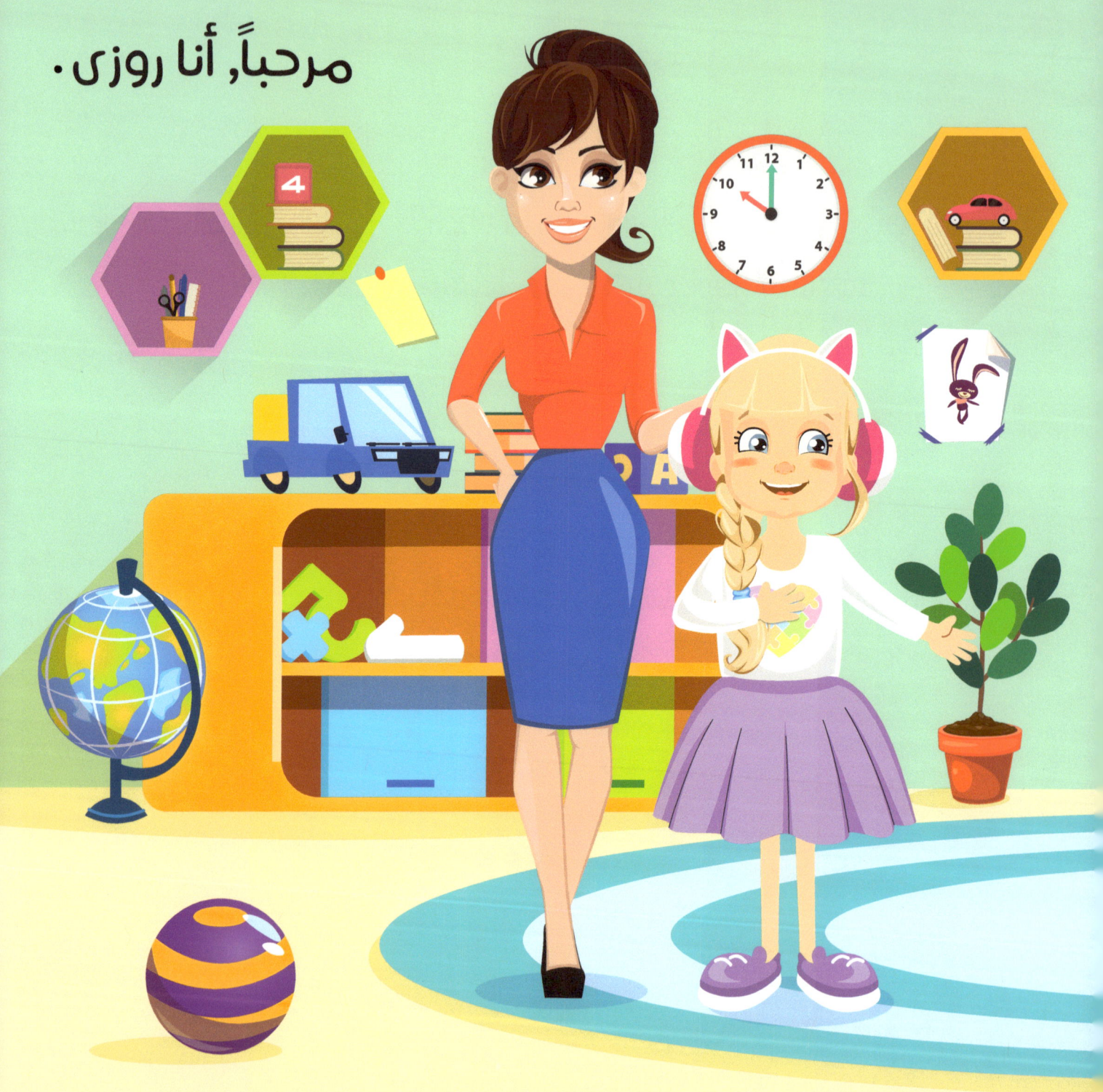

أحيانًا أتصرف بشكل مختلف عنك لأنني مصابة بالتوحد.

أفعل أشياء قد تكون محيرة لك .

مثل ارتداء سماعاتي لأن الأصوات العالية تؤذي أذني .

في بعض الأحيان أرتدي سترة خاصة لمساعدتي على الهدوء .

Emmie
ME ENCANTA
EL VERANO
1 2 3 4
A B C E D

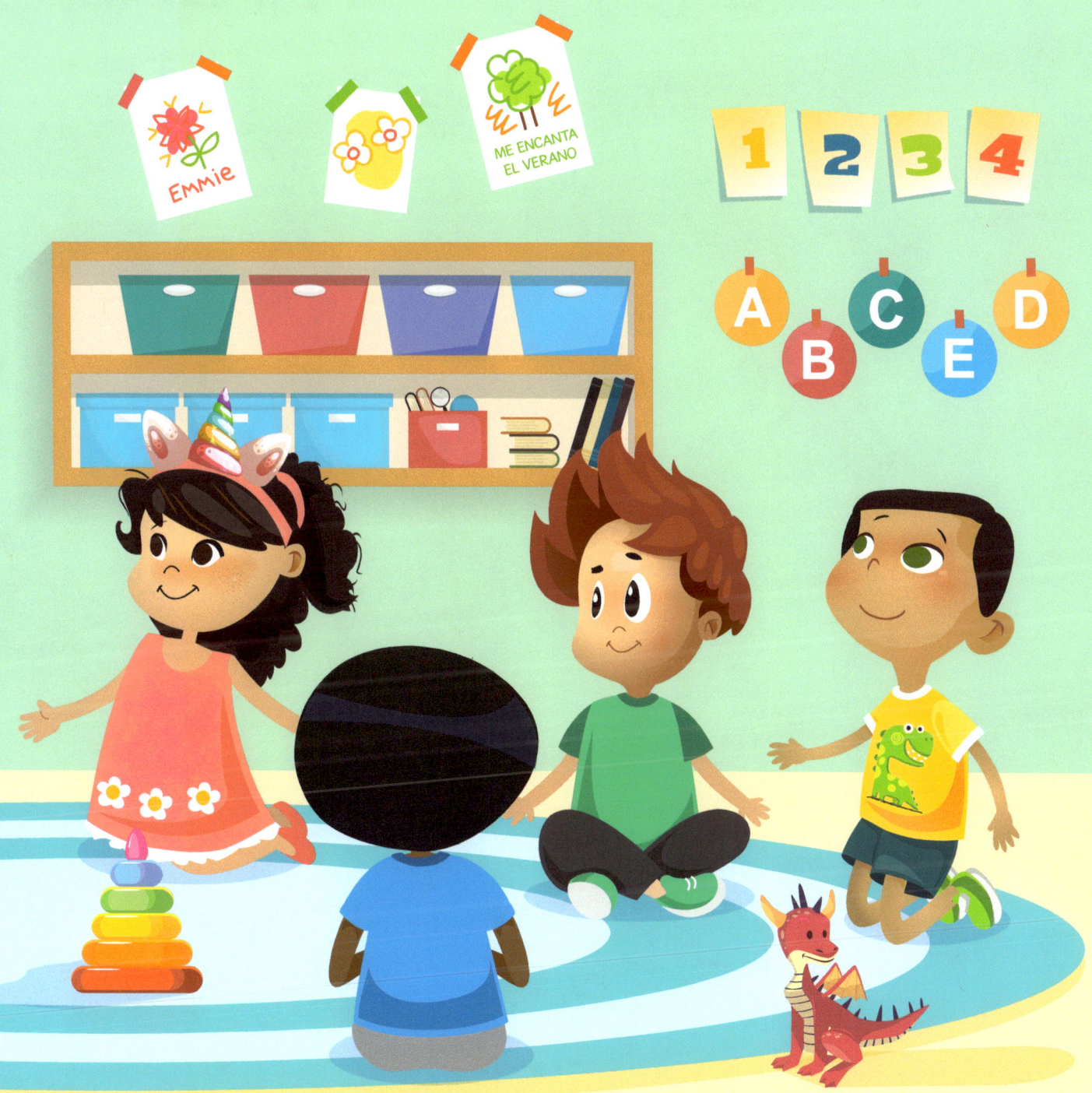

إذا كنت أركز على شيء مثل أعمالي الفنية ، فقد لا أجيب عليك .

يمكنك المحاولة مرة أخرى وهذه المرة استخدم اسمي .

أحيانًا أقوم برفرفة ذراعي وأدور حولها لأنني متحمسة أو قلقة .

لا أحب النظر في عيون أصدقائي .

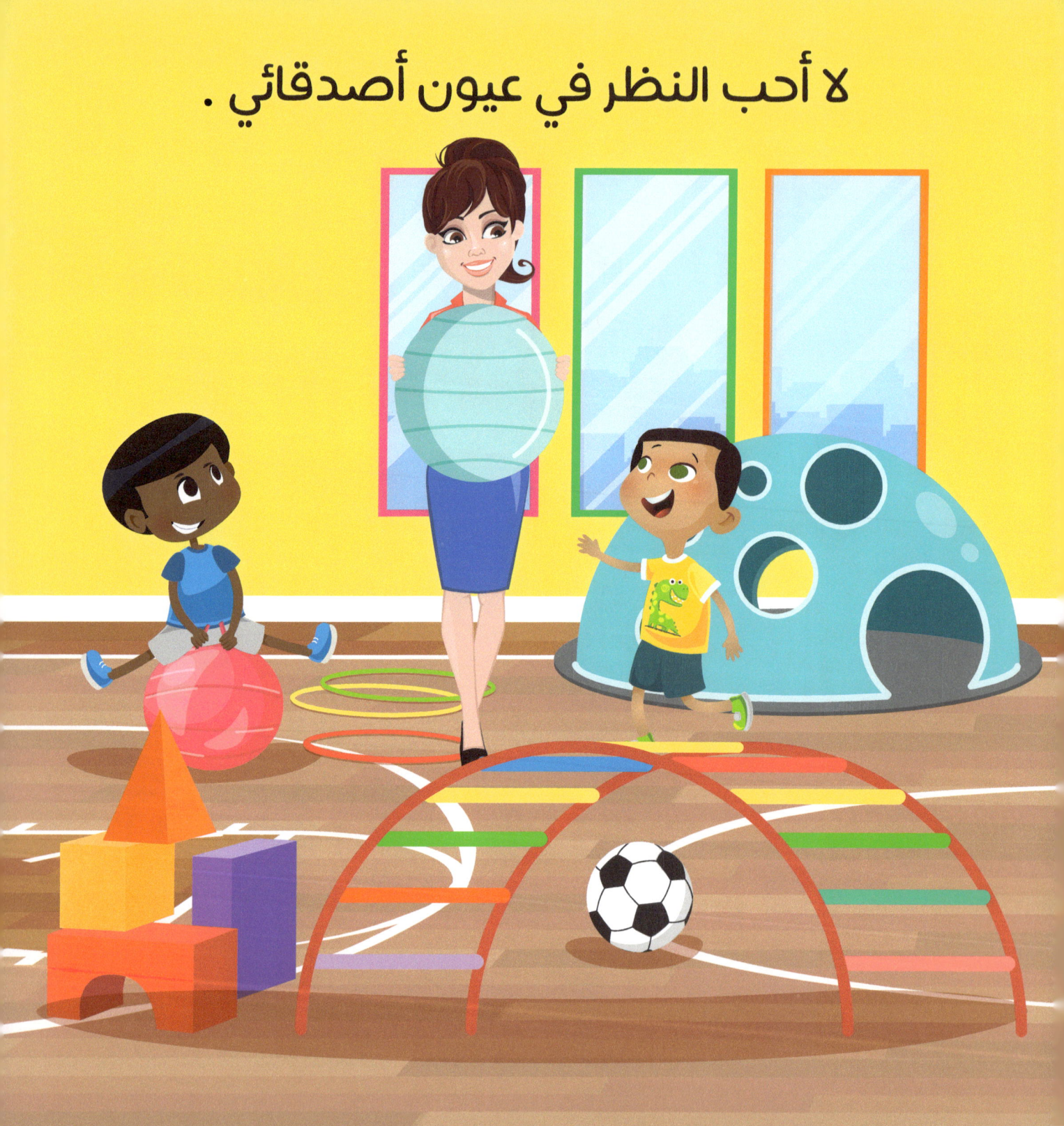

أنا لا أحاول أن أكون لئيمة ، هذا فقط
يجعلني غير مرتاحة .

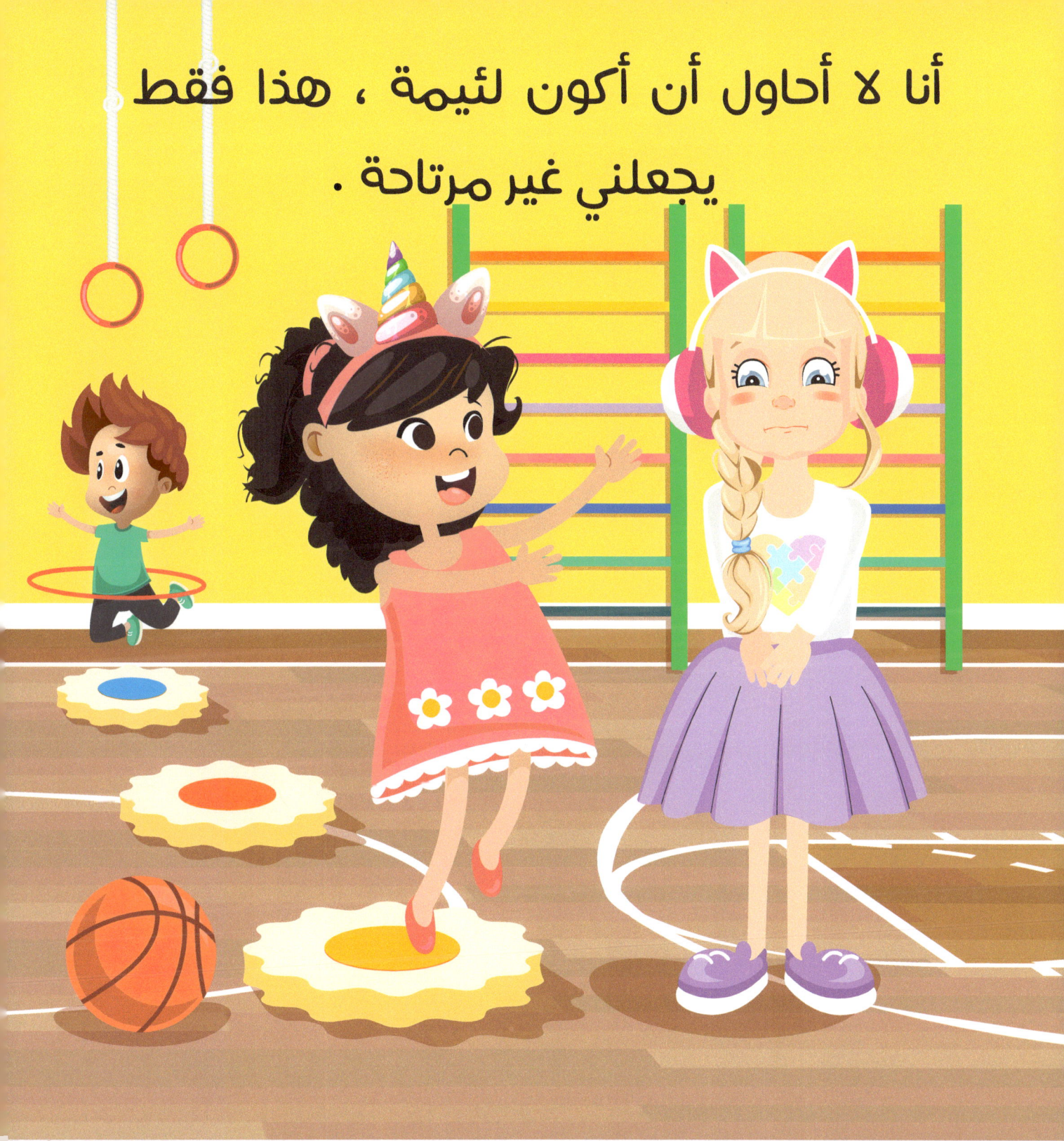

يصعب علي أحيانًا فهم الكلمات أو قول الكلمات التي أفكر بها.

لذلك يساعدني الكتاب المصور أو الجهاز اللوحي على التواصل .

إذا رأيتني أبكي وأصرخ ، فربما يكون ذلك بسبب شعوري بالإرهاق .

عادة ما تساعدني مساحة صغيرة على الهدوء.

إذا رأيتك تبكي لأنك مجروح أو حزين ، فقد لا أعانقك أو أسألك عما إذا كنت بخير .

هذا لأنه من الصعب عليّ أن أفهم مشاعر أصدقائي .

في بعض الأحيان ستراني ألعب بمفردي.
ليس لأنني لا أريد أن أكون صديقتك.

يمكن أن يساعدنا في أن نكون أصدقاء أفضل إذا طلبت مني اللعب عندما تراني ألعب بنفسي.

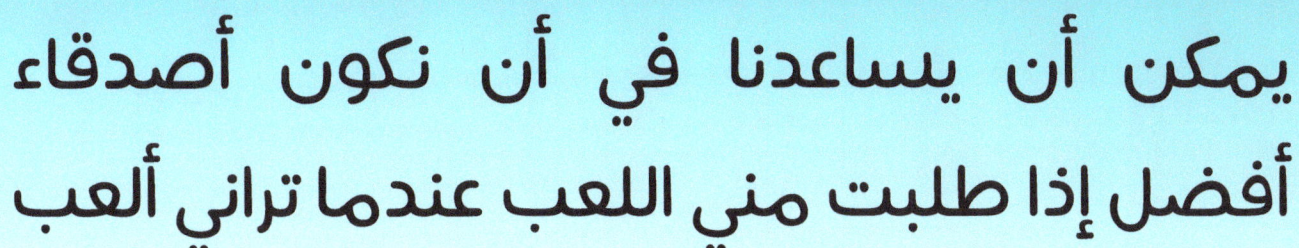

تكوين صداقات أمر صعب بالنسبة للأطفال المصابين بالتوحد.

لذلك تذكر دائمًا تضمين الجميع عند اللعب، حتى لا يشعر أحد بالإهمال والحزن.

www.ingramcontent.com/pod-product-compliance
Lightning Source LLC
Chambersburg PA
CBHW041201290426
44109CB00002B/94
* 9 7 8 0 5 7 8 2 8 8 3 2 1 *